Lb ^{28} 20 *(Réserve)*

(tiré à 100 exemplaires.)

IMPRIMERIE DE CHARVIN ET NIGON
rue Chalamon , 5

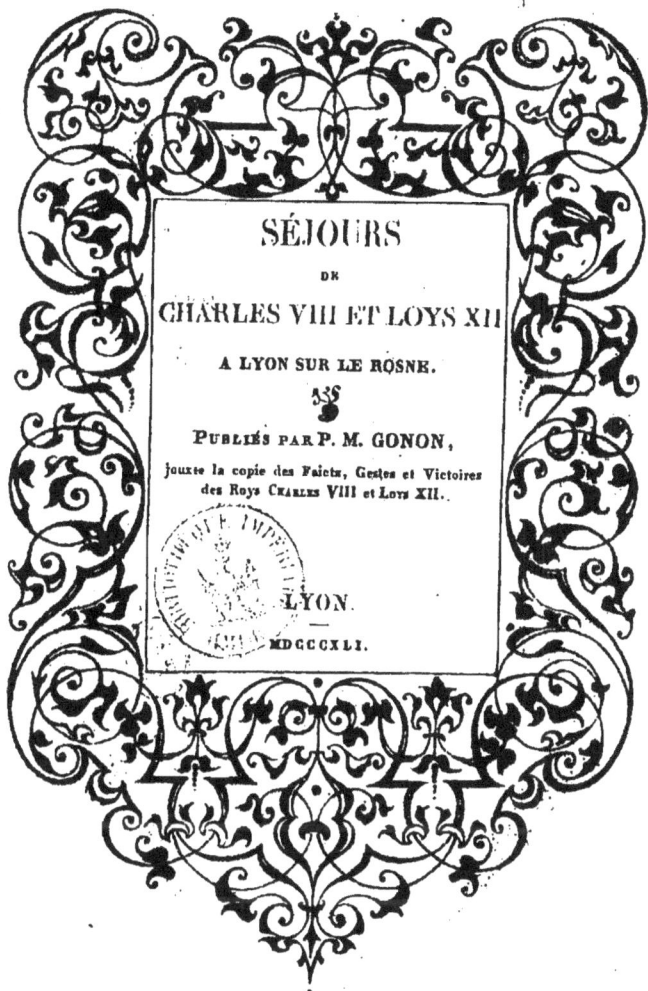

SÉJOURS

DE

CHARLES VIII ET LOYS XII

A LYON SUR LE ROSNE.

PUBLIÉS PAR P. M. GONON,

jouxte la copie des Faicts, Gestes et Victoires
des Roys CHARLES VIII et LOYS XII.

LYON.

MDCCCXLI.

SÉJOURS DE CHARLES VIII

A LYON.

PROLOGUE DE LAUTEUR. *

Pres avoir contemple plusieurs escriptures hys-toires et gestes des papes, empereurs, roys, ducs, contes, marquis, barons et autres nobles gens esleves en honneurs par leurs vaillances, preux faicts et hardyesses grandes, je me suis advise quil nest chose que leutendement de lhomme desire plus que de ouyr parler de choses historiques. Oultre plus aussi leutendement se resjouyst quant il oyt parler dune chose quil ayme. Ces choses consi-derees jay specule quil nest chose qui plus resjouysse les entendemens francois que de parler des roys de France.

Considerant aussi que je suis Francois, par droicte raison je me dois mieulx appliquer a descrire des croniques de France que de autre nation. Pour esmouvoir les courages des humains et les encliner a vivre vertueu-sement et eulx gouverner saigement est escript au xiv chapitre de lEcclesiastique, que lhomme est bienheureux qui fait sa demourance et se arreste en lestude de Sapience, car sur tous les autres dons de grace que Dieu fait aux creatures le don de Sapience est le plus noble, le plus digne, le plus plaisant, le plus delectable et le plus parfait. Cest celle qui fait les roys regner, les royaulmes eslever et entretenir et les vrays juges selon les sainctes lois clerement congnoistre et justement juger. Par elle est lhomme fait amy et prochain de Dieu qui est ung tresor infiny. Aussi par elle il est conduyt et mene au royaulme eternel auquel il a vraye fruition et congnoissance de la haulte divinité. Et pour ce lit on que

---

Salomon auquel Dieu octroya telle requeste quil vouldroit demander, ne
demanda point a Dieu richesses terriennes, longue vie, ne autre prosperite mondaine, mais requist et demanda seulement a Dieu le don de
Sapience, congnoissant que par icelle il pouvoit dominer les choses
terriennes et finablement parvenir a la gloire eternelle. Lhabitude et conversation de Sapience na en soy ne fiel ne amertume, mais toute doul-
ceur et joyeusete. Et de tant que plus on si arreste et frequente, tant
plus on desire a plus y demourer et la frequenter, comme est escript
au viii chapitre du livre intitule Sapience. Pour lesquelles choses confermer, dit Sainct Gregoire, que lestude des choses passees est comme ung
miroir auquel nous pouvons speculer et mirer notre face, y apperce-
voir et congnoistre les macules et taches qui lordissent et effacent. Par
opposite y pouvons veoir les beaultes et dons de grace se aucuns en
avons qui nous decorent et embellissent. Car en lisant ou racomp-
tant les histoires nous pouvons veoir a quelle fin les ungs
et les autres par mal ou bien faire sont parvenus,
laquelle chose nous peult inciter et donner couraige
et aymer vertu, fuyr vices, craindre et
eviter obprobres et reproches, et en la fin
obtenir le royaulme de paradis,
au quel veuille vous conduire
le Pere, le Fils et le
Sainct Esperit.
Amen.

* *
*

Histoire sainte en presence de Charles VIII. Representant la conversion du roy Clovis, et le chan-
gement des trois crapeaux en trois fleurs de lis.

SEJOURS

DE

CHARLES VIII

A LYON SUR LE ROSNE

EXTRAITS DE LHISTOIRE

DES

FAICTS GESTES ET VICTOIRES

DU ROY CHARLES VIII.

N lan mil quatre cens quatre vingts et trois, le roy Louis XI de ce nom trespassa le trentiesme jour daoust, parquoy luy succeda Charles son fils unique, et ne avoit que douze ans quant il commenca a regner et fut le cinquante et cinquiesme Roy de France. Il fut mene a Reims et sacre et enoingt comme la coustume est de faire aux Roys de France, au quel sacre furent les Princes et Seigneurs de France pour luy tenir compaignie et le servir chascun selon son office.

Laquelle chose fut faicte solemnellement et de bon accord.

Apres le dict sacre fut mene a Paris ou il fit son entree, et monstrant chascun jour avoir bon zele et affection a la chose publique et a la tres noble couronne de France dont il estoit descendu.

Le Roy fut en sa jeunesse si saigement instruict et gouverne, quil a este tousjours bon catholique et ayme du peuple, ce nest pas de merveilles, car Monseigneur et ma dame de Beaujeu lavoient eleve en gouvernant ensemble le Royaulme. La dicte dame estoit sa sœur fille du roy Loys XI. Ceste dame estoit plaine de vertu, saige et discrete, miroir resplendissant, hardie en couraige, prudente en conseil, subtille en ses faicts et benigne a chascun. Plusieurs ordonnances furent faictes au Royaulme au proufit du bien public. Et apres ce faict luy print vouloir daller conquerir son royaulme de Naples lequel luy appartenoit, et commenca a marcher droit a Lyon sur le Rosne pour conclure et ordonner avec les gens de son conseil de tout son affaire, et apres la conclusion prinse le Roy ordonna son armee en ceste maniere et facon.

Cest assavoir monseigneur le Vidasme capitaine des cent Gentils hommes a la manche large. Monseigneur de Myolans gouverneur du Daulphine et capitaine des cent autres gentils hommes et des arbalestriers. Monseigneur de Cresol capitaine des deux cent archiers de la garde françoise. Le capi-

taine Claude capitaine des cent archiers de la garde
dEscosse. Item plusieurs grans seigneurs du sang
royal et chambellans et autres gens du conseil qui
partirent avec le roy. Sensuit larmee par terre ,
hommes darmes trois mille six cent. Archiers a
pied six mille deux cent. Arbalestriers a pied huyt
mille. Piques longues huyt mille. Le Seigneur Ludovic deux mille quarante. Pierres grosses cent
quarante. Bombardes mille deux cent. Dastardeurs
six mille deux cent. Maistres pour habiller lartillerie deux cent. Maistres charpentiers six cent.
Maistres pour abattre murailles trois cent. Maistres
pour pierres de fonte neuf cent. Maistres pour faire
charbon deux cent. Maistres pour faire cordes six
vingts. Chevaulx pour mener lartillerie huyt mille.
Chartiers quatre mille.

AUTRE ARMEE PAR TERRE.

Monseigneur de Serve quarante lances. Monseigneur de Monfaucon quarante lances. Monseigneur Robert de la Marche trente lances. Le Mareschal de Baudricourt soixante lances. Monseigneur
de Guise quarante lances. Monseigneur de Chande
trente lances. De Mauleon deux cents lances. Monseigneur Aymart de Poye xxv lances. Monseigneur
de Camicam xxxv lances. Le capitaine Odet vingt
lances.

Sensuyt larmee par mer, les gentils hommes dAgenes quatre mille. Les gentils hommes de Normandie quatre mille, et estoient tous pour la garde de Monseigneur dOrleans.

Vivandiers deux cent. Naves grosses xxiv. Galleasses grosses huyt. Capitaines de mer. Le duc dOrleans. Le Conte dAngoulesme. Le duc de Nemours Le prince dOrange. Monseigneur de Vandosme. Le conte de Ligny. Le conte de Nevers. Monseigneur Dalebret. Le conte de Boulongne. Le grant Bastard de Bourgongne. Le grant Bastard de Bourbon. Le mareschal de Bourgongne. Le gouverneur de Champaigne. Le gouverneur de Bourgongne avec leurs compaignies qui sont quinze mille quarracques, unze galleras, deux cent vingt et six gallees, a voille cinquante, brigantins soixante, fustes quatre vingts non comprinses les barques qui y sont sans nombre.

Autre nombre de gens dordonnance sans les dicts capitaines par mer. Mondict seigneur dOrleans cent lances. Monseigneur de Foix cinquante lances. Monseigneur Gracien cinquante lances. Le baillif de Dijon trente lances et trois mille Suysses. Monseigneur de Montaison trente lances. Monseigneur Dalegre quarante lances. Monseigneur de Chaumont trente lances. George de Silly trente lances. Castillon trente lances. Julien Burinel trente lances.

Monseigneur de Vergy trente lances. Monseigneur Darmansy quarante lances.

Dom Jehan trente lances.

Andre de Lospital cinquante quatre lances. Monseigneur de la Place quarante lances. Le mareschal de Bourgongne quarante lances.

Monseigneur Daubigny cent lances.

Autre nombre Monseigneur de Ligny cent lances.

Monseigneur de la Trimouille cinquante lances.

Monseigneur de Silly quarante lances.

Monseigneur le grant escuyer quarante lances

Monseigneur de Beaumont quarante lances.

Monseigneur de Piennes cinquante lances.

Monseigneur le prince d Orange quarante lances.

Le seneschal Darmignac vingt-cinq lances.

Monseigneur Pierre de Bellefrontiere vingt cinq lances.

Despert de Bonneville vingt cinq lances.

Et en tout ce present nombre nest entendu que ceulx qui sont au gaiges du roy. Et comme le roy vouloit partir pour aller en son royaulme de Naples une maladie print monseigneur Desquerdes, tellement quil ne peut aller avec le roy, et fut ordonne quil retournast en Picardie dont il estoit natif a cause que lair luy estoit plus sain. Et en retournant il mourut a la Bresle a trois lieues de Lyon. Le corps fut mis en ung luiseau de plomb, et comme il avoit

commande estre porte a Boulongne sur la mer a
cause quil avoit devotion a Nostre Dame de Boulongne ou il avoit en sa vie fait de grans biens et donne
des lampes dargent. Et par le commandement du
roy on fist a son corps bel honneur en toutes les
villes par ou il passoit. De sa mort fut le roy tres
marry, car il avoit este toujours de bon conseil
et loyal.

La religion et convent de lObservance de Lyon
sur le Rosne fut fondee es faulxbourgs de la dicte
ville au lieu des Deux Amans pres le chasteau de
Pierresize lan mil quatre cens quatre vingts et treize
avant Pasques, et le xxv jour de mars qui est le
jour de la feste de lAnnunciation dominicale, regnant
en pontifical a Romme Alixandre pape sixiesme de
ce nom.

Et en fut le fondateur le roy Charles huytiesme de
ce nom et ma dame Anne de Bretaigne royne de
France, et fut fondee en lhonneur de Dieu et de
la Vierge Marie, Monseigneur sainct Francois et
saincte Vrsule et tous les saincts et sainctes de paradis.

Lequel convent fut nomme Nostre Dame des
Anges. Le roy fist acheter la place et amortir tant en
sa chambre des comptes a Paris, que envers les seigneurs, doyen et chapitre de sainct Jehan de Lyon en
la seigneurie directe et justice desquels la dicte place

et maison estoient. Les dicts fondateurs myrent de leurs propres mains la premiere pierre en signe de tiltre et fondation de leglise, en laquelle pierre sont figurees et eslevees leurs armes, et est escript dessoubs les dictes armes.

JESUS MARIA

KAROLUS OCTAVUS FUNDATOR HUJUS ECCLESIÆ

DOMINÆ NOSTRÆ DE ANGELIS.

ET ANNA REGINA.

MCCCC.XCIII.

A ce estoit present a ceste fondation tres hault et puissant prince et seigneur monseigneur Loys duc dOrleans. Loys de Luxembourg conte de Ligny, Anguilbert monseigneur de Cleves, monseigeur Philebert fils de monseigneur le conte de Bagis de Bresse, monseigneur de la Tour conte de Boulongne, tres reverend pere en Dieu messire Jehan Bail archevesque dAmbron et maistre Jehan dArly evesque dAngiers, confesseur du roy, docteur en theologie, lequel solemnellement en pontifical fist et celebra la benediction de la dicte pierre, et messire Vedast Urcoy doyen de sainct Martin de Tours et Andririn son frere, et autres.

Apres que le Roy eut envoye sa dicte armee tant par mer que par terre, partit de Lyon le xxix jour de juillet mil quatre cent quatre vingts treize et

commença a marcher apres ce quil eut envoye son
artillerie et choses necessaires comme pouldres,
boulles de fonte, de pierres, de plomb, de plusieurs
sortes comme pour gros canons, comme bombardes
et autres canons moyens, grosses serpentines non
pareilles, grosses coulevrines et autres choses servant a la dicte artillerie, comme chevaulx, charettes, res et ris et engins de toutes sortes. Pics de fer
et dacier, fourches, pieds de chievres agus et
carres trenchans, cordes de toutes sortes, grosses
et communes, chanvres, engins, ouvriers a faire
les dictes cordes, autres ouvriers pour servir en
tous autres estats la dicte artillerie, comme fon-
deurs et maistres charpentiers, maçons, pionniers,
arbalestriers, archiers, car a la dicte artillerie y
avait plusieurs tonneaulx de pouldre et arbalestres
plates, arcs, chevrettes, pavois, tauldis, moulles
de toutes sortes, guyndals, boys pour toutes choses
servant a la dicte artillerie et plusieurs eschelles
de boys et de cordes, quarres, pons, grues, cour-
taulx, mortiers et tous autres engins servant en telle
œuvre, de fer et boys a grant nombre ront et quarre
pour asus, pour tauldis, pour hayris, pour pons.

Encore plus, poix, cyment, cuyvre, estaing,
souldure et autre metal, fust, mousse, gallefreteus
et mariniers, patrons, femmes et autres servans
les dicts navires, et plus encore, ligues, reigles, pois,

mesure, compas, rons et quarres, manteau servant devant la dicte artillerie, alaisnes, esguilles,
anneaulx, serrures, serruriers, vivres de toutes
sortes, breuvages, mareschaulx, cordiers, cables,
tracts, licols, fillasses, estoupes, ferblanc, salepes-
tre, souffre, charbon a fondre, charbon de saulx,
canfre, couperose, faiseurs de pouldre, habilleurs
de luminaires, de bastons dartillerie, ressouldeurs
de rompures de plusieurs sortes, cerpes, coignees,
marteaulx, metaulx, enclumes.

Toutes cordes comme fisselle et autre fil, vibre-
quins, advirons, masts, hunes, voilles de plusieurs
sortes. Et estoit maistre de la dicte artillerie Guynot
de Loisiers conseiller et maistre dhostel du roy et
Jehan de la Grange son lieutenant et controlleur
et autres grans personnages qui estoient avec la dicte
artillerie comme commissaires, prevost et autres
gens. Et depuis fut la dicte artillerie mise en basteaulx et a terre au dict Lyon et partie pour aller
sur mer et se rendre ou le roy et son conseil avoit
ordonne.

Depuis monseigneur dOrleans, apres plusieurs
compaignies passees les mons et estant en Piemont
partit de Lyon avec plusieurs gens de grant estat
de la maison du roy comme chambellans, maistres
dhostels et autres grans personnages pensionnaires
du roy qui eurent les commissions daller au duc de

Milan, a la seigneurie de Venise, aux seigneurs de Florence, a la seigneurie de Lusques, a Pise, a Sene, a Aigue, a Viterbe, a Romme et autres lieux au long des limites des dicts voyages dequoy le roy se pouvoit servir. Apres ce que le dict seigneur dOrleans accompaigne de grans gens de bien qui estoient avec lui eust este en Piemont il sen alla a Gennes avec larmee tant par terre que par mer, tant hommes darmes, archiers, arbalestriers, alemans et autres gens a pied, que conduisoient ceulx qui cy apres seront nommes, comme Anguilbert monseigneur de Cleves, le baillif de Dijon et le grant escuyer de la royne, Bricet et autres leurs lieutenans.

Le mercredy vingtiesme jour daoust mil quatre cent quatre vingts et treize a Vienne en Daulphine, ce jour monseigneur de Bourbon et madame de Bourbon sa femme et plusieurs autres grans seigneurs tant du sang royal que autres estant au dict lieu, fut ordonne et conclud le partement du roy pour aller en son dict voyage de Naples, apres tous conseils tenus tant pour celluy qui demouroit regent de France et les gouverneurs de ses pays, cest assavoir pour regent monseigneur de Bourbon. Pour gouverneur de Guyenne monseigneur dAngoulesme. Pour gouverneur de Bourgongne monseigneur de Baudricourt. Pour Picardie et Normandie

monseigneur de Graville admiral de France. Pour
Champaigne monseigneur Dorval, et pour Bretai-
gne monseigneur dAvancourt et monseigneur de
Rohan.

Et toutes ces choses faictes et conclues le lendemain prindent conge le dict seigneur de Bourbon et
ma dame et beaucoup dautres seigneurs, la Royne
demoura avec le Roy et alla jusques a Grenoble en
Daulphine.

Le vendredy xxii jour daoust le Roy et la Royne
se partirent de Vienne pour aller a Grenoble et dis-
nerent le Roy et la Royne a Villeneufve et couche-
rent a la Coste Sainct Andry. Et la furent receus
honorablement tant des gens deglise et des nobles
du pays avec les habitans de la ville.

Le samedy xxiii jour daoust le Roy et la Royne
partyrent de la Coste Sainct Andry et sen allerent
disner a Rives et coucher a Grenoble. Et la furent
moult honorablement receus; eglises et rues tendues
et parees, et fait plusieurs misteres sur eschaufaulx,
et allerent au devant les seigneurs et prelats de leglise
et nobles et les seigneurs et court de parlement
du dict Grenoble.

Et aussi les bourgeois, marchans, manans et habitans de la dicte ville, qui estoit moult belle chose
a veoir, car ils le receurent moult noblement et
joyeusement a bien grant triumphe. Le Roy de-

moura au dict lieu de Grenoble depuis le xxiii jour daoust jusques au vingt neufviesme du dict moys.

Et en ces jours le Roy disposa de ses besongnes et affaires tant en conseil que en autres negoces touchant son voyage et partement de Naples comme dessus est dict en ordonnant plusieurs choses necessaires tant pour son dict voyage que autres. Et renvoya tous ses chariots et charettes en France et print grant quantite et nombre de mulets servans a tous offices de sa maison, comme pour chambre, chapelle, garde robe, paneterie tant de bouche que de commun, aussi pour cuisine de bouche et de commun, pour garde vaisselle de bouche et de commun, pour tapisserie, pour fourrerie, pour chambellans, pour sommelerie, medicins, chantres et generalement pour tous ceulx de sa maison et domestiques, et fut nomme Guillaume le muletier de Lyon sur le Rosne capitaine des mulets du dict seigneur, et son frere son lieutenant.

Nota que au dict Grenoble le roy et son conseil ordonnerent gens saiges et de grant entendement pour subvenir aux choses negociatoires pour le fait de son armee tant pour le fait du logis du roy, pour le train de sa maison que pour sa dicte armee.

Et fut esleu ung noble homme et saige en tous estats, lequel estait conseiller et maistre dhostel du roy nomme Pierre de Valletault dict Pierre Loys.

Cestuy Pierre Loys grant mareschal des logis de toute larmee et du logis du roy bailloit par escript tous les lieux tant villes, chasteaulx, bourgs que villages par grant curiosite et diligence, car il narroit la situation des dicts logis comme sils estoient en plaine ou en vallee ou pres de prez, de boys, de grosses villes ou de mer, et a combien les compaignies estoient les unes des autres. Et tout bailloit par etiquets en la presence des mareschaulx de France le roy present, qui fut une chose de moult grant estime et grant soing touchant la dicte armee. Au surplus le roy et le conseil ordonnerent prevosts des mareschaulx tant pour larmee que pour sa maison, et ordonna plusieurs maistres dhostels de sa maison qui eurent la charge daller aux villes pour parler aux seigneurs et gouverneurs des dictes villes, pour les ouvertures et vitailles servant a larmee et au roy, lesquels se nommeront cy apres, mais ceulx touchant les buires sestoit Jehan du chasteau Dreux, Herve du Chesnoy, monseigneur de Mambranche Adrian de Lisle Adam, qui bien servirent le roy touchant leurs charges et aydes des commissaires des villes commis de par la seigneurie du lieu la ou sestoit.

Autres maistres dhostels qui furent esleus pour aller es villes comme solliciteurs de par le roy et aussi comme commissaires du dict seigneur et gens sages.

Cest assavoir Jehan de Cordomme dict Jehan Francois de par le roy a Florence. Charles de Brallat a Genne, Rigault Dozeilles a Milan, Gaucher de Tinteville a Sene la Vielle, Adrian de Lisle Adam a Pise.

Autres grans personnages furent envoyes en ambassade de par le roy avant le partement et depuis le partement du roy. Monseigneur de la Trimouille fut envoye par devers le roy des Rommains, et Lucas au seigneur Ludovic, monseigneur du Boschage aux Venissiens, monseigneur Dargenton acompaigne de monseigneur de Montsareau son frere a Romme, monseigneur Daubigny et plusieurs autres qui ont servy le roy en tel estat par grant prudence, comme au Pape levesque dAutung, monseigneur le general de Bidault, monseigneur le general de Languedoc et autres comme le president de Gainay, lequel a servy tres bien le roy en tout ce quil la voulu employer en loffice de chancelier.

Et pour ce que plusieurs desirent scavoir les noms de ceulx qui servirent le roy en armes de corps et de biens pour ceste cause, je nommeray une partie ou la plus grande part de ceulx qui sont de la parente du roy. Premierement monseigneur dOrleans nonobstant quil demoura en Piemont et non sans cause.

Monseigneur de Montpensier. Mons. Philippe de Savoye. Mons. de Foix. Mons. de Luxembourg.

Mons. de la Trimouille. Mons. dAubigny. Mons. de Myolans. M. de Vendosme. Angilbert monseigneur de Cleves. Mons. le mareschal de Rieux. Mons. le mareschal de Gie. Mons. de Piennes. Mons. de lEspare. Le marquis de Saluce qui demoura en Piemont.

Autres non de lordre. Monseigneur de Ligny. Mons. de Lisle. Mons. le prevost de Paris. Mons. le Seneschal de Beaucaire. Aussi plusieurs varlets de chambre, comme monseigneur de Barsac lequel le roy renvoya avec la royne. Jehan de Pouquere. Le baillif de Berry. Jehan monseigneur de Bourdillon. George, Michault Diion, Paris et plusieurs autres, comme Gabriel le maistre de la garde robe qui mourut a Naples, escuyers de cuysine, varlets trenchants, panetiers, eschancons, enfans dhonneur, huyssiers darmes, huyssiers de chambre, huyssiers de salle, huyssiers de cuysine, portiers, tabourineurs, harpeurs et joueurs de cornets et ceulx qui avoient bon corps pour faire saulx et souplesses.

Les maistres dhostels. Premierement. Jehan Francois nomme Jehan Cardanne chevalier. Charles de Brillac chevalier. Rigault Dozeilles chevalier, Guinot de Lousiers chevalier et maistre de son artillerie. Le baillif de Sainct Pierre le Monstier. Monseigneur le maistre Chandiot qui eut la charge de par le roy a Naples de venir par mer dedans la grant nav en France pour garder et conduyre plusieurs choses qui estoient dedans la dicte nav, ainsi que le roy luy avoit encharge. Monseigneur le baillif de Vitry. Jehannot du Tertre baron de Biay et maistre dhostel du roy, Gauche de Tinteville. Peron Levache. Pierre de Valetault dit Loys, Adrian de Lisle Adam. Mons. de Mambranche. Pierre de la Porte. Jehan Dannoy. Guillaume de Villeneufve. Les deux de Susanne Girault et Charles, lesquels demourerent de par le roy solliciteurs es pays de Naples. Mons. de la Brosse. Honnore du Chiel. Jehan de Chasteaudreu. Herve Duchesnoy Turquet, lequel fut fait a Romme prevost de lhostel du roy, et lautre prevost sen retourna de Romme. Regne Perrant et Jehan Dusau.

Des autres principaulx officiers domestiques et ordinaires de lhostel du roy, la plus part y ont este comme paneterie de bouche et de commun, Eschanconnerie, cuysine, garde robe, vaisselle, fourriere, tapissiers, serfs de leaue, clercs doffices, chambre aux deniers, escuyers de cuysine, de bouche et de commun qui se nommeront quant temps et besoing sera.

Le vendredy vingt et neufviesme jour du moys daoust, le roy sen partit apres la messe ouye de Grenoble et print conge de la royne et des seigneurs qui sen retournoient en France avec la royne, et alla le roy disner a la Mure en Daulphine, ung petit bourg

qui est a monseigneur de Dunois, et apres disner
alla coucher a Ery en Daulphine, qui est une petite
ville ou le roy fut receu honorablement selon leur
pouvoir et puissance, et coucha a lescu de France.

Samedy trentiesme jour daoust le roy se partit
de Ery apres la messe ouye, et alla disner a Sainct
Bonnet et coucher a Gap en Daulphine, le roy y fut
honorablement receu par les seigneurs de leglise,
nobles du pays et autres gens, et fut loge en lhostel
de levesque du dict Gap pres la grant eglise cathe-
drale, et en icelle maison fut trouve le premier
escorpion estant en une vielle muraille.

Dymenche xxxi jour daoust, le roy apres ouyr
messe se partit de Gap et alla disner a Sorpes et
coucher a Nostre Dame dAmbrun et fut moult
honorablement receu de tous estats et logea chez
levesque dAmbrun qui estoit en ambassade pour le
roy devers le pape.

Lundy premier jour de septembre, le roy ouyt la
grant messe devant Nostre Dame dAmbrun ou estoient ses chantres en grant triumphe. Et apres la
messe ouye alla disner a Saint Crespin et coucher a
Briancon ou il fut moult honorablement receu de
tous les estats du dict pays, cest assavoir leglise,
noblesse et labeur, et fut le roy loge hors de la ville
en une des belles maisons et hostelleries de France.
Mardi deuxiesme jour du dict moys de septembre,

le roy partit de Briancon apres quil eut ouy messe et alla disner a Susanne et coucher a la Prevoste Doree, et la luy fut monstre ung homme natif des pays de Poille, lequel estoit accuse de estre des grans maistres de ceulx de la Vaupute, car il avoit este prins en la dicte Vaupute, ce quil nyoit et disoit que il avoit deux fils marchans, lesquels estoient en pays de France, et que il les cherchoit. Toutes fois le soir que il fut prins, il fut presente au roy, et le laissa le roy et remist a leur discretion et jugement.

Mercredy troisiesme de septembre, le roy partit apres messe ouye de la Prevoste Doree et alla disner a Chaumont et coucher a Suize en Savoye, et la fut receu de par ma dame la duchesse de Savoye, par les gens de leglise, nobles et autres gens de la ville, et autre peuple venu au dict Suize pour veoir le roy, et estoient les rues tendues comme on fait en France a lentree de quelque grant prince.

Jeudy quatriesme jour de septembre, le roy apres ouyr messe partit de Suize et alla disner a Sainct Jous et coucher a Villaigue en Piemont, auquel lieu fut receu, comme en France en grant honneur et solemnite, des gentils hommes et habitans du dict lieu, avec plusieurs peuples des dicts pays lesquels estoient venus pour veoir le dict roy.

Vendredy cinquiesme jour de septembre, le roy partit apres quil eut ouy messe et sen alla disner,

souper et coucher a Turin ou il y eut grant solemnite et feste de par la duchesse et des princes et
seigneurs du pays de Savoye, car toutes les rues
estoient tendues, a force de misteres, depuis le
commencement des fauxlbourgs jusques au chasteau
du dict Turin, et au dict chasteau logea le roy, et la fut
receu par la dicte duchesse de Savoye et par le petit
duc estant lors en vie. Et la le roy disposa de plusieurs de ses besongnes tant avec la Duchesse comme
avec monseigneur de Bresse touchant son voyage,
laquelle dame luy offrit tous ses pays, ports et passages, villes et chasteaulx, gens darmes a cheval et a
pied. Arbalestriers, enfans a pied a la guise du pays
et en grant nombre. Et fist la dicte dame bon recueil
au roy et a ses gens darmes, car par tout le pays de
Piemont le roy et ses gens darmes ont este bien
traictes a laller et au venir. Samedy sixiesme jour de
septembre, le roy apres quil eut ouy messe a Turin
y disna et sen alla coucher a Quiers en Piemont. La
fut le roy receu tres honorablement par les gens de
ma dame la Duchesse de Savoye et vindrent au
devant du roy les seigneurs de leglise, les nobles du
pays, bourgeois, marchands et plusieurs autres du
pays, car se seust este a Paris si en avoit il beaucoup
et bien acoustrez, et les rues tendues par toute la
ville, le poille sur le roy comme en France. Et devez
scavoir que ce fust une des belles entrees de prince

que lon veit pieca, car tout estoit tendu de tapisserie
et autres draps de soye, de layne et linge, a grant
nombre de misteres sur eschaufaulx, et en especial
fut lhystoire de la victoire du roy Clovis et le change-
ment des trois crapaulx a trois fleurs de lis. Et entre
autres choses y eut une acouchee au dict Quiers que
les dames amenerent sur ung eschaufaulx le mieulx
aorne que lon scauroit dire, tant le lict de lacouchee,
que les pans, courtines, tappis et autres choses servant a gesine. Et devant son lict son enfant, se sceut
este le propre enfant du roy il estoit honnestement,
il y avoit une couverture de satin. Aux quatre bouts
pendoient quatre houppes de fils dor tout fournys
de perles et des deux costes de la dicte gisant deux
oreilliers de drap dor fournis de houppes comme
dit est devant. Au regard de lacoustrement des
dames et damoiselles et autres femmes, jamais
homme ne le croyroit se il ne lavoit veu. A lheure
que le roy passa oultre il trouva dautres misteres
tres excellens, et devant son logis il y avoit trois
femmes de beaulte nompareille. Au regard des ha-
billemens ce estoit chose inestimable et moult
riche. Et presenterent les dictes femmes au roy
plusieurs dictons moult aucténtiques comme si
sestoient sibilles ou deesses. Et le beau chapelet
joyeux avec toute obeissance de corps et de biens,
et fut le roy loge chez messire Jehan de Soullier
chevalier bon et honneste homme.

Environ le moys de septembre au dict an, vint a Paris ung religieux de lObservance menant saincte vie nomme frere Jehan Tisserant, natif de Bourg en Bresse, compaignon de frere Jehan Bourgeois aussi de lObservance, lequel avoit baptise monseigneur le Daulphin, et estoit frere Jehan Bourgeois a Lyon en ung convent de lObservance nouvellement fonde pres dung lieu nomme Vaise, dont le roy et la royne furent fondateurs comme dessus est dict.

Cestuy frere Jehan Tisserant prescha a Paris si bien que a ses sermons se convertirent plus de cent povres filles pecheresses, les quelles il instruit si bien quil en fonda une religion en la ville de Paris, et fist tant que on leur donna une partie de la maison dOrleans, en la quelle les dictes filles sont a present. Apres ce, le dict frere Jehan Tisserant alla a Lyon ou il prescha et y fist sa residence, et finablement y mourut et fut ensevely dedans le chapitre du dict convent de Nostre Dame des Anges pres Vaise.

En ce temps venerable pere frere Jehan Bourgeoys de lordre de lObservance trespassa le jour de sainct Loys de lordre des Freres Mineurs, en octave de lAssumption Nostre Dame, lan mil quatre cens nonante et quatre, il estoit homme de bonne conversation et de saincte vie, lequel baptisa monseigneur le Daulphin premier fils du roy Charles huytiesme. Il fut enterre au convent de Nostre Dame des

Anges les Lyon en son convent, et est aore et prie
comme corps sainct, et y a entour sa sepulture
plusieurs veux de cire portez par la devotion des
gens, lesquels ont grant fiance en luy.

Comment le roy rentra en France le vendredy
xxiii.jour doctobre mccccxciv. Le roy fist chanter la
messe au dict Suize, puis alla disner et souper à
Briancon, et ce dict jour repassa son artillerie de
Savoye en Daulphine.

Samedy xxiv jour doctobre, le roy ouyt messe a
Briancon et alla disner et coucher a Nostre Dame
dAmbrun.

Dymenche xxv jour du dict moys, le roy fist
chanter sa messe devant Nostre Dame dAmbrun,
et la fist ses offrandes en la regraciant du bien
quelle luy avoit fait de luy avoir donne victoire
encontre ses ennemys, et grace davoir paracheve
son entreprinse a son grant honneur. Puis alla
disner a Saume et coucher a Gap.

Lundy xxvi jour doctobre, apres la messe le roy
partit de Gap et fut disner a Saint Exibe, auquel lieu
vindrent les gens des paroisses tant hommes que
femmes et enfans pour luy faire honneur et reverence. Et apres disner firent au logis du roy dances,
esbatemens et autres joyeusetes pour la grant joye
quils avoient du retour du bon roy. Et ce fait il
partit du dict lieu de Saint Exibe et alla coucher a

la Mure et y arriva bien tard. Mardy xxvii jour
doctobre, le roy se partit de la Mure apres qu'il eut
ouy messe, puis alla disner a Tault, et apres disner
a Grenoble. Ce dict mardy le roy, environ vespres,
arriva a Grenoble, du quel lieu vindrent au devant
de luy tous les seigneurs de la ville tant de leglise
comme seculiers pour faire lhonneur quon luy
devoit faire, et fut recueilly diceulx en la maniere
acoustumee, auquel lieu le roy disposa de ses
affaires, puis luy survint quelque petite maladie,
tellement quil convint envoyer querir medicins par
tous cartiers, car son bon medicin estoit trespasse.
Toutefois devant que les medicins fussent venus
il commenca guerir par la grace de Dieu, et ne fut
mal a son aise que trois ou quatre jours, non sans
cause, car il avoit souffert en son voyage a mon
advis autant de peine, de travail, de soussy, de
chagrin et dautres choses que peult avoir un prince
qui ayme son honneur comme il faisoit, que
pourroit ne scavoir faire homme vivant au monde,
et, pour raison de ce ou autres raisons necessaires
a la conduicte de son faict, sejourna au dict lieu
depuis le xxvii jour doctobre jusques au quatriesme
de novembre que son train tyra vers Lyon.

Mercredy iv jour de novembre, le roy apres la
messe ouye partit de Grenoble et alla disner a
Sainct Rambert et coucher a Morain.

Jeudy v jour de novembre le roy partit de Morain apres la messe ouye et alla disner a Sillon et coucher a la Coste Sainct Andry.

Vendredy vi jour de novembre le roy partit apres la messe ouye de la Coste Sainct Andry, puis fut disner a ung lieu appelle Chatronay et coucher pres de Lyon.

Comment le roy fist sa seconde entree a Lyon sur le Rosne a son retour de Naples.

Samedy septiesme jour de novembre, le roy apres la messe alla disner a Venissiere et coucher a Lyon. Il est assavoir que de Lyon sortirent les manans et habitans pour le veoir et recueillir ainsi quil appartenoit. Premierement les prelats, contes, chanoynes de sainct Jehan de Lyon, avec tous autres prestres, chanoines et curez de la dicte ville, les quatre mendians et autres religieux, tous revestus dornemens sumptueux, portans reliquaires, chasses, fiertes et autres precieuses reliques, lesquels vindrent faire la reverence au roy, ainsi quil est acoustume de faire en tel cas.

Apres vindrent les gouverneurs de Lyon tant de justice que autres, acompaignes de grans et riches marchans et plusieurs autres gens, et furent faire la reverence et le bien veignant au roy, lequel estoit oultre le pont de Rosne ou il faisoit pour son plaisir coure la lance a deux ou trois de ses mignons.

Apres sortirent les enfans de Lyon, cest assavoir les riches natifs de la ville, montez, bardez, acoustres de chaines, bagues, joyaulx et autres singularites le mieulx que lon avoit jamais veu, et tous vestus et habillez de grans et larges sayons lung comme lautre, les quels il faisoit beau veoir.

Et quand chascun eut fait la reverence, le roy fist marcher chascun en son ordonnance dedans la ville, la quelle estoit, par toutes les rues ou il devoit passer, tendue, tapissee, garnie et accoustree, le plus sumptueusement quon avoit sceu faire, de grans tapisseries et autres choses moult belles.

Par la porte du pont de Rosne ou il passa, aussi par tous les carrefours ou il devoit passer, y avoit eschaufaulx, misteres et hystoires avec leurs dicts et sentences par escript.

Par plus de cent lieux y avoit au travers des rues, pendans en lair, escussons fais a la mode de Ytalie, environnes de gros chapelets de fleurs et autres verdures joyeuses, dedans les quels escussons estoient dung coste les armes de France et de lautre coste les armes de Jerusalem, et pardessus estoit la couronne du tierre imperial magnifiquement fait.

Ainsi entra le roy avec toute sa noblesse moult bien accompaigne de tous ses gens darmes tant archiers, gentils hommes, pensionnaires, que de tous autres domestiques, triumphant en victoire, glorieux en gestes, non pareil en magnificence et immortel en excellence.

En ce temps vindrent en France plusieurs des gens du roy, les quels avoient une maniere de maladie que aucuns appelloient la grant gorre, les autres la grosse verolle et aucuns la maladie de Naples, a cause que les Francois venant de Naples en estoient malades dont on fut bien esbahy en France, et disoit on que les Lombards avoient este inventeurs de ceste maladie pour se venger des Francois.

Le roy estant a Lyon se logea au logis de lArchevesque de Lyon pres leglise de Sainct Jehan, au quel lieu le attendoit la royne, ma dame de Bourbon et plusieurs autres grans dames des quelles il fut receu moult singulierement. Et quant il eut este a Lyon ung petit de temps pour se reposer, il donna aux eglises de la dicte ville pour faire des cloches lartillerie quil avoit amenee de Naples, qui estoit une chose merveilleuse a veoir. Il en donna aux Cordeliers, aux Jacobins, aux Carmes et a lObservance dont on fist de belles cloches es dicts lieux.

Puis il se delibera de aller remercier le glorieux patron de France monseigneur Sainct Denis en ensuyvant les coustumes anciennes, et remettre les corps saincts de la dicte eglise en leurs places acoustumees, dont ils avoient estes ostez et mis sur le grant autel du cueur de leglise, durant son voyage et durant le temps il y eut tousjours grant lumiere de cire ardant, et les religieux pendant ce temps firent priere et oraison pour la prosperite et sante du roy Charles estant en son voyage de Naples.

En cestuy an mil quatre cens quatre vingts et seize fut eslevee une chapelle a Sainct Roch, le quel Sainct Roch est requis contre boce et epidemie et contre fouldre et tempeste qui depuis a Lyon sur le Rosne a este bien requis, et on y a fait plusieurs ymages du dict Sainct et une chapelle fondee aux Jacobins, belle et honorable. Au dict an environ, les roys prenant miliaire francois devant Pasques, a Paris leau fut merveilleusement grande, tellement que en plusieurs lieux de la ville on ne pouvoit passer, et disoit on que ce fust par tout, car a Lyon elle fut ainsi, si fut elle a Romme parquoy estoit chose universelle.

Le roy eut nouvelles que la ville de Naples avoit este reprinse par le duc de Calabre roy de Naples, a cause que son pere estoit mort. Des quelles nouvelles fut le roy bien marry, mais les habitans de la dicte ville firent la trahison. Et pour venger loultrage que les Lombards et Napolitains luy avoient faict, il se disposa dy retourner et se venger de la grant trahison quon luy avoit faicte.

Au moys de may furent faictes joustes et tournoys a Lyon, ou le roy estoit tousjours premier arme de

pied en cap lespee au poing en tres belle ordonnance.
On jousta en la Grenette devant les Cordeliers. Et
estoit la royne dessus la porte avec les dames et damoiselles en ung jardin plain de lis blancs et jaunes,
et dessus le dict jardin y avoit ung bras a une
manche de taffetas blanc semee dermines, la main
estoit dargent et le pouce dor, la quelle tenoit une
chantepleure, cest ung pot de terre plain de perthuys
dessoubs, dont on arrouse les jardins. Et dessoubs
cestuy jardin y avoit une porte de boys et deux tours
couvertes de damas gris et compassez de petits rubens
de soye blanche, qui sembloit que ce fust pierre de
taille. Et fut le dict damas donne aux Cordeliers,
dont ils firent des chappes pour leglise.

Les manteaulx de la porte estoient couvers de satin
jaune. La ferreure et serreure estoit de satin bleu, et
sembloit que ce fust une porte fermant a veoir de
loing. Et par la passoyent ceulx qui tenoyent les rens
lesquels estoient dedans la closture des Cordeliers.
Le reste estoit si bien faict que merveilles.

En la rue de la Juifrie y fut pareillement fait jouste,
et sortoyent ceulx qui tenoient les rens hors de une
nef couverte de drap dor. Puis en ung autre lieu
nomme le Palet ou estoit une montaigne dont
sortoient ceulx qui tenoient les rens. Et tousjours le
roy estoit premier et dernier en bataille faisant de
beaulx faicts darmes. Et dura trois jours. Et les

seigneurs par les rues la ou ils se rencontroient faisoient trois coups despees tant a pied que a cheval ,
car apres en plusieurs lieux de la dicte ville furent
faictes toutes sortes de joustes. Et y estoit monseigneur de Dunois petit et jeune qui selon sa jeunesse
faisoit de beaulx coups.

En la Grenette , en la Jurie et au Palet fut en
signe de memoire fait trois pilliers de pierre ou fut
escript et grave aux dicts pilliers ce qui sensuyt.

NE VIRTUS LANGUERET INERS DUM BELLA
QUIESCUNT.
IPSE ARMIS TOTA PROCERES AGITABAT IN URBE CAROLUS
ET MAGNI BELLA SIMULACHRA SCIEBAT.
PRIMUS IN ADVERSIS ACIE POSTREMUS ABIBAT.
TRES STETIT ILLE DIES DONEC SECUNDAT APOLLO.
ET MINIMA QUOSCUNQUE MANU SED PECTORE FORTI.
PROTULIT ATQUE ILLI DEMUM FINALITER VICTORIA
CESSI.
VIRTUTIQUE SACRUM MANET PER SECULA
TROPHEUM.

Le roy estant a Lyon partit pour aller a Moulins, a
cause daucunes joustes quon y faisoit a cause de ung
mariage comme on disoit , aux quelles joustes fut le
roy avec son train tant gentils hommes que autres.
Et de la alla en France.

3

Lan mil quatre cens quatre vingts et dix huit le roy estant au chasteau dAmboise ou il fut, ne fut prins dung caterre en telle facon que il mourut le samedy veille de Pasques flories, septiesme jour davril environ neuf heures du soir apres souper comme on disoit, qui fut une chose bien soubdaine dont grans et petits furent tres dolens et desplaisans et le royaulme bien esbahy davoir perdu ung tel roy, que quant ses ennemys chrestiens ou infideles oyoient parler de luy ils trembloient et non sans cause, considerant les proesses qui estoient en luy.

Le bon roy Charles huytiesme fist en son temps reparer le lieu ou est enterre maistre Jehan Jerson, et y fut faicte une chapelle en leglise de Sainct Laurens a Lyon sur le Rosne, au quel lieu plusieurs gens font leurs prieres et oraisons au dict maistre Jehan Jerson quon tient comme saincte personne.

Aussi le quatorziesme jour de mars mil quatre cens quatre vingts et dix huyt le dict roy estant a Lyon fist, au temps du pape Alixandre VI, eslever le corps de sainct Bonaventure, a la quelle elevation il estoit en personne. Et monseigneur Pierre de Bourbon et ma dame Anne de France sa femme firent couvrir la chasse dargent richement. Et monseigneur de Bermond fist fonder la chapelle au dict convent des Cordeliers de Lyon a present Observantins ou est le corps.

SEJOURS DU ROY LOYS XII

A LYON.

SEJOURS

DU

ROY LOYS XII

A LYON SUR LE ROSNE

EXTRAITS DE L'HISTOIRE

DES

FAICTS GESTES ET VICTOIRES

DU ROY LOYS XII.

AU dict an, cest assavoir mil quatre cens quatre vingts et dix huyt et le xxvii jour de may, Loys duc dOrleans, fils du duc Charles fut sacre a Reims comme ses predecesseurs roys de France. Et fut nomme tres chrestien roy douziesme de ce nom et LV roy de France. Au sacre du quel estoient mes tres redoubtes et honores seigneurs messeigneurs les douze pers de France ou autres pour eulx. Et brief au dict sacre estoit quasi toute la noblesse de France. Apres toutes ces choses faictes, le roy se delibera de faire son entree a Paris. Le premier jour de juillet, le roy fut

couronne a Sainct Denis comme ses predecesseurs
en grant triumphe, et le lendemain il fist son
entree a Paris la quelle fut tres solemnelle, puis
sen alla souper au palais. Apres toutes ces solemnites faictes, chascun se retira es lieux ordonnes de
par le roy. Le premier qui luy fist guerre ce fut
monseigneur du Vergier, mais en brief temps la
guerre fut cessee et fut| en Bourgongne.

Le dix huytiesme jour doctobre, le conte de Valentinoys que on disoit estre fils du pape Alexandre
sixiesme fist son entree a Lyon sur le Rosne, au quel
le roy avoit donne la dicte conte de Valentinoys. Et
vint en France pour aucunes causes dont fut fait le
mariage de luy et de la fille de monseigneur Dalbret.
Cestuy conte estoit cardinal, mais il laissa sa cardi-
nalite pour venir en France, le quel vint en habit
seculier en grant pompes et richesses.

Le deuxiesme ou troisiesme jour de decembre fist
a Lyon si grant et impetueux vent que merveilles,
tellement que aux Cordeliers de la dicte ville la cus-
tode ou on mettoit les hosties sacrees estant dessus
le grant autel se ouvrit et sortirent les dictes hosties
volant par leglise, qui fut grant scandale et fut a
cause dune verriere rompue et fut environ huyt
heures devers le matin. En cestuy an le roi donna
a ma dame Jehanne de France la duche de Berry,
et pour le prouffit et utilite de la chose publique il

espousa et print a femme ma dame Anne de Bretaigne relaissee du feu roy Charles, et de ce eut dis-
pense du pape Alixandre sixiesme, qui fut un grant
bien pour le pays. En lan mil quatre cens quatre
vingts et dix neuf fut enchasse aux Cordeliers de Lyon
le chief de Sainct Bonaventure en ung beau et riche
chief dargent, ce dict jour fut faicte procession en la
dicte eglise et sermon solemnel fait par un religieux
du Convent.

En cestuy an le dixiesme jour de juillet, le roy
Loys XII fist son entree a Lyon sur le Rosne la quelle
fut tres solemnelle et fut fait plusieurs beaulx misteres et choses joyeuses et les rues richement tendues
de fines tapisseries. Le roy desirant avoir la jouys-
sance de son pays de Milan y envoya grosse armee,
tellement que en moins de quinze jours fut prinse
la ville de Milan par les Francois, et fut le quatriesme
jour de septembre. Et quant le roy eut nouvelles
que la ville de Milan estoit prinse il partit de Lyon
et y alla et fit son entree solemnellement puis mist
ordre en son cas.

Le roy estant party de Lyon pour aller au dict
Milan fist abatre les bancs et auvens de la dicte ville
de Lyon dont le seigneur de Barsac estoit commis-
saire de par le roy. En cestuy an le vendredy devant
la Toussainct xxv jour doctobre au matin tomba a
Paris le pont Nostre Dame qui fut un grant dom-

maige dont puis apres le roy y envoya Jehan de Doyac pour donner la conduicte de refaire le dict pont; lequel fut faict en petit de temps.

En cestuy an mil cinq cens le vendredy dix neu-fiesme jour de mars la royne fist a Lyon sa seconde entree la quelle fut auctentique et honneste, les rues tendues et plusieurs eschaufaux ou estoient plu-sieurs mysteres joues qui estoit chose a veoir. En-viron huit jours apres furent amenes a Lyon vers le roy aucuns prisonniers les quels avoient fait au con-traire de leurs sermens dont chacun murmuroit. Le seigneur Ludovic fut prins prisonnier devant Novarre et amene en France.

De ceste prinse eut le roy nouvelles a Lyon la veille de Pasques flories, dont il fut tres joyeulx. Et celluy jour fut faicte a Lyon feu de joye de ce que les Francois avoient gaigne larmee du dict Ludovic par quoy furent encore fais feux de joye et plusieurs solemnites au dict Lyon, dont petits et grans menoient grant joye de la victoire et conqueste. Le jour sainct George la royne partit de Lyon pour aller a Sainct Claude a moult belle compaignie, mais avant quelle revint elle fut commere du prince dOrange, car sa femme estoit acouchee en ce temps dung fils.

Au dict an le ii jour de may, le seigneur Ludovic fut amene a Lyon, il avoit une robe de camelot noir a la mode de Lombardie, et estoit monte sur ung petit mulet. Le prevost de lhostel et le seneschal de Lyon luy furent au devant, et le firent prisonnier de par le roy, puis on le mist au chasteau de Pierre Size, et pour veoir le dict Ludovic y avoit grant nombre de gens par les rues par ou il passa, et estoit le roy a Lyon. En cestuy an et le xii jour de may fut fait a Lyon le mariage de monseigneur de la Roche Baran de Bretaigne et de la princesse de Tharente fille de dom Frederich de Naples, pourquoy furent faictes joustes et esbastemens present la royne, dames et damoiselles. Et avec la royne estoit la femme du conte Galiache. Et en aucuns lieux de la ville furent faictes joustes et tournois.

Le dict seigneur de la Roche espousa le xviii jour de may a Saincte Croix pres Sainct Jehan de Lyon, dont de rechief on fist joustes en la Grenette.

Les gentils hommes qui joustoient estoient a cheval de boys et lisses de cordes couvertes de drap de soye qui estoit une chose si mignonnement faicte que merveilles et tres joyeuse a veoir.

Le xiv jour du moys de may, le seigneur Ludovic fut par le vouloir du roy et du conseil mis hors du chasteau devant dict et fut mene en France en ung chasteau nomme Loches pres de Bourges. Le dymenche xxiv jour du dict moys, monseigneur de Ligny retourna de Lombardie et arriva a Lyon, dont le roy envoya au devant beaucoup de gens de bien.

En cestuy an xvii jour de juing veille de la Feste
Dieu, le cardinal Escaigne, frere du seigneur Ludovic, fut amene a Lyon prisonnier du roy, et fut
mis en prison au chasteau de Pierre Size ou son
frere avoit este mis.

Monseigneur le cardinal dAmboise et monseigneur
de la Trimouille venant de Lombardie arriverent a
Lyon le xxi jour de juing. Et avec eulx estoit le
seigneur Jehan Jaques, lequel amena sa femme en
France. Au dict an le xxi jour de juillet, le roy et la
royne partirent de Lyon pour aller a Troye en
Champaigne a cause que lambassade dAlmaigne y
devoit venir.

Au dict an le jour Saincte Anne xxvi jour de juillet,
trespassa a Lyon le roy dIvetot, et fut enterre a
Saincte Croix pres Sainct Jehan de Lyon. Au dict an
le xxviii jour de juillet par ung dymenche matin
tomba a Lyon la penultime arche du pont de
Rosne vers Bechevilain et demoura lautre muraille
et larche entiere, et ny pouvoit on passer fors que
en dangier et par dessus la muraille.

En cest an environ la Sainct Symon et Sainct
Jude, mourut monseigneur de Bordeaulx archevesque de Lyon, et apres luy succeda a larche-
vesche de Lyon Francois de Rohan fils de monseigneur le mareschal de Gye.

En cestuy an, le Roy envoya a la Vaupute ung

docteur de Paris pour les convertir daucune
fantasies quils tiennent, mais il ny fist rien.

En cestuy an devant Noel, la riviere de Sone fut
gelee jusques a Mascon, dont a cause quil ne venoit
a Lyon bled ny autre chose le pain y fut chier. Et le
jour de Sainct Thomas apres le Rosne creut si fort
jusques environ le disner que cestoit merveilles, et
ne le veit on jamais en demy jour croitre si fort. La
femme du duc de Lorraine avecques son fils vint a
Sainct Claude, puis vindrent a Lyon vers le roy et la
royne, dont le dict fils demoura en la cour du roy
et eut pension, et la mere retourna en Lorraine, et
la royne luy donna une haquenee blanche tres richement acoustree de brodure, cest assavoir de velours
cramoisy seme de cordelieres, et fut le moys de
juillet.

De la prinse de Frederich et de la Ville de Milan
furent apportees nouvelles au roy a Lyon le viii jour
daoust, dont fut mene grant joye, et fais feux de joye
et processions rendant grace a Dieu de la victoire.

En cestuy an le jour de Nostre Dame de septembre
au soir, le feu se mist aux Celestins de Lyon ou il y eut
grant dommaige, car tout le convent cuyda brusler,
mais en brief temps fut mieulx ediffie que jamais, et
se print le feu en la cheminee de la cuisine.

En cestuy jour trespassa frere Jehan Tisserant,
Observantin, dont est parle devant.

En cestuy an le II jour de novembre jour des mors, arriva a Lyon dom Frederich de Naples et fut mene en France.

En cestuy an le dymenche VII jour doctobre monseigneur le Cardinal dAmboise fist son entree a Lyon, a cause quil fut fait legat en France. La dicte entree fut tres belle et sumptueuse, les rues tendues de tres riches tapis, et furent joues plusieurs beaulx misteres par les rues ou il passa. Et estoit le peuple tres joyeulx de sa venue a cause que fut faict le traicte et appoinctement et paix entre les princes chrestiens, la quelle paix fut cryee a Lyon le samedy devant Noel, dont furent fais feux de joye par les habitans de la dicte ville. Lan mil cinq cens et deux le jour de Nostre Dame de Mars fut le jour de Vendredi Sainct, parquoy le pardon fut à Nostre Dame du Puis en Auvergne, au quel pardon y eut grant nombre de gens tues, car la grant multitude des gens rompirent une muraille a force destre serres, parquoy la dicte muraille rompit, et tua ceulx qui estoient de lautre coste en tombent dessus eulx et plusieurs moururent en la presse.

En cestuy an fut fait le mariage du roy de Hongrie et de Anne de Candale fille de monseigneur de Candale de la maison de Foix, la quelle peu de temps apres, elle fist son entree a Lyon ou furent fait beaulx misteres, puis elle partit de la dicte ville et fut menee en Hongrie ou fut le mariage consomme, et apres ont eu de beaulx enfans ensemble.

Le roy estant en Dauphine le duc de Savoye et ma dame Marguerite vindrent a Lyon vers la royne et ne fut point faicte dentree, ils ny furent gueres plus de quatre ou six jours quils retournerent en Savoye, ung petit devant que le roy arrivast au dict Lyon. Peu de temps apres le general des Cordeliers vint en France et fist tenir a tous les Cordeliers lordre de lObservance, car ainsi le vouloit le roy cognoissant quils estoient trop mondains et quil valloit mieulx dix bons religieux que deux mille vicieux.

Lan mil cinq cent et trois, lymage Nostre Dame du Cloistre, la quelle estoit au Cloistre des Cordeliers de Lyon sur le Rosne fut apportee en leglise en la chapelle de sainct Francois, cette ymage estoit paincte en plate paincture, parquoy on rompit le mur et fut portee en la dicte chapelle ou elle est a present tres richement acoustree.

Au dict an environ le xxi jour davril le roy estant a Lyon fist une abolition de payages, treus, imposts et autres nouveaulx subsides mis sus depuis cent ans sans octroy de roy, de non plus les lever ne recevoir sur peine de perdition des dicts payages et damende arbitraire par le roy et par les lectres patentes contenant edict perpetuel. Octroye aux marchans fre-quentant les rivieres du Rosne et de la Sone et autres rivieres navigables cheans et descendans en icelles depuis la ville et lieu de Pontarly au dessus dAuxonne jusques a la mer. Et aussi par terre , tant France , Masconnoys , Lyonnoys , Languedoc que Dauphine. Et aussi de oster des dictes rivieres les escluses , pescheries , nassiers , molins , bennes , combres et autres choses empeschans le cours des dictes rivieres et passages de barques ou basteaulx sinon que premierement ne soit fait par commandement de roy. Et fut ce passe a Lyon sur le Rosne.

Le xxiii jour de mars, lArcheduc Philippe fist son entree a Lyon, la quelle fut tres belle. Il venoit dEspaigne, mais avant quil entrast es pays et terres du roy il demanda hostage, cest assavoir que cinq ou six des plus prochains de la couronne fussent envoyes en ses pays et terres durant le temps quil seroit en France, la quelle chose fut faicte ; car le roy ny entendoit que tout bien, le dit Archeduc ne fist pas cela sans cause, presupposant quil doubtoit aucune chose, de la veue du quel, le peuple se resjouyst a cause quil avoit charge de faire la paix entre le tres chrestien roy de France et le roy dEspaigne, la quelle il fist, car le roy estant a Lyon avec la royne et toute la noblesse de France fut criee la dicte paix en la dicte ville de Lyon le quastriesme jour davril , cest assavoir entre le roy de France et le roy dEspaigne comprenant lArcheduc et le roy des Rommains et leurs allies. Puis le dict Archeduc sen alla a Bourg en Bresse au pays de Savoye.

En ce temps environ le treiziesme jour davril vint a Lyon , vers le roy , monseigneur Jehan de Horne evesque de Liege a cause que monseigneur de la Marche estoit en different avec luy , et disoit on que le roy en avoit la charge et quils sen estoient remis du tout sur luy pour les accorder , la quelle chose fut faicte.

Au dict an le lundy devant la Sainct Michel environ neuf ou dix heures tomba de tout point larche du pont du Rosne de Lyon. En cestuy an la veille de Noel mourut a Lyon Loys monseigneur de Luxembourg seigneur de Ligny environ la minuyt, dont le roy , les gentils hommes de cour , manans et habitans de Lyon furent bien marrys et non sans cause, car cestoit un seigneur bien ayme de chascun.

Lan mil cinq cent et quatre fist ung este tres chault tellement que les bleds furent de petite monstre et en petite quantite es pays de Lyonnois, Daulphine, Auvergne, Bourgongne, Savoye et autres pays. Des le moys de mars les villagoys congnoissans le temps mal dispose estoient moult desoles et faisoient ja processions en plusieurs lieux, tellement que en la ville de Lyon y venoit grant nombre de processions des villages et tous les jours et de heure en heure dont les bourgeois , marchans et habitans de la dicte ville leur donnoient pain et vin en aboudance et les religieux pareillement.

Es dictes processions estoient les filles jeunes vestues de linge blanc, pieds nuds et ung couvrechief en la teste et une chandelle en la main, les enfans masles apres aussi vestus de linge blanc nuds pieds, teste nue, puis apres les prestres, les hommes et les femmes en chantant la letanie.

Et aucune fois cryoient a haulte voix. *Sancta Maria ora pro nobis*, puis *misericorde, misericorde*. Les paroisses de Lyon faisoient semblables processions et allerent a Nostre Dame de lisle a une lieue francoise pres de Lyon.

Le jeudy penultime jour de may, fut apporte a Lyon linnocent de Sainct Just des faulxbourgs du dict Lyon, que homme vivant navoit jamais veu apporter en la ville et avec ce fut apporte Sainct Just en procession chantant et cryant comme les autres et alloient deglise en eglise.

Le jour ensuyvant on porta la machoire de Sainct Jehan Baptiste en procession aux Augustins la quelle machoire navoit jamais este portee hors de Sainct Jehan de Lyon ou elle est. Et huyt jours apres il pleut, mais la seicheresse fut comme devant. Les religieux de Nostre Dame de lisle avec plusieurs villages vindrent a Lyon en procession et apporterent Nostre Dame de lisle et Sainct Loup que on navoit jamais apporte a Lyon , et fut le septiesme jour de juing. Aussi fut apporte au dict Lyon sainct Hereny prince des dix neuf mille martirs. Il venoit des processions de quatre et cinq lieues. Et plusieurs villages furent bien cinq ou six jours errans et allans par les champs de lieu en autre sans retourner en leurs maisons. Et brief cestoit si grant pitie quil ny avoit si dur cœur ne si inhumain qui neust este esmeu a plorer et a laisser toute liesse voyant la grant desolation du peuple. Environ le moys de septembre y avoit a Lyon en la riviere de Sone grant nombre de petits anguillons gros comme ung petit doigt et nen osoit on manger. En ceste annee furent beaucoup de malades.

Lan mil cinq cent et cinq cest assavoir jusques a la sainct Jehan et lannee de devant depuis la dicte Sainct Jehan a lautre fist tres male saison et chiere , car le bled valoit a Lyon xxvi et xxvii sols le bicher. Et pource que la dicte saison estoit si male vindrent a Lyon si grant habondance de povres gens des villages que cestoit pitie; les ungs laissoient leurs maisons vagues, les autres laissoient femmes et enfans et les femmes, enfans et maris et tous demandant laulmosne, dont il en mourut innumerablement , nonobstant que chascun qui avoit de quoy leur donnoit souffisamment , car a Lyon se faisoient autant daulmosnes que jamais on veist faire en ville , chascun si efforcoit de sa puissance. Et avec ce y regnoit une maladie dont il mourut si grant nombre de gens que merveilles, et principalement a lHostel Dieu de Lyon y en mourut des povres vilagoys quasi innumerables. Beaucoup de riches gens aussi moururent, les quels estoient de grant auctorite. Et comme on disoit, lannee estoit partout semblable en mortalite, es montaignes de Savoye et es vilages a lentour moururent de fain plusieurs gens. Et demourerent ceste annee plusieurs pocessions a labourer. En cestuy an en caresme, le roy fist apporter de Blays les os de son feu pere Charles duc dOrleans a Paris, les quels furent mis en sepulture aux Celestins en la chapelle la quelle est fondee des ducs dOrleans. Et quant on apportoit les dicts os y avoit aussi bel honneur quil estoit possible qui fut une chose sumptueuse et digne de memoire.

En cestuy an MDIV le quatorziesme jour daoust, reverend pere en Dieu monseigneur Francois de Rohan fils du mareschal de Gye, Archevesque de Lyon et dAngers, fist son entree au dict Lyon moult triumphamment. A la quelle entree furent fait plusieurs misteres par les rues par ou il passa et tendus de tapisseries. Le jour en suyvant qui fut le jour de lAssumption il chanta la grant messe en leglise de Sainct Jehan du dict Lyon en grant pontificat. Depuis la revenue dYtalie, monseigneur le cardinal dAmboise

cheut malade a Lyon, dont il mourut, qui fut ung
grant dommaige comme lon a veu depuis, ce neant-
moins que aucuns en ont murmure au contraire.
Mais ils ne consideroient pas ses vertus, ne en quoy
il servoit. Durant sa vie il a toujours bien gouverne
son maistre, en sorte que le peuple nestoit pas trop
taille, car quelle guerre que le roy Loys a fait de la
les monts, il na point creu les tailles autrement quils
estoient paravant. Mais quant laffaire est venue et
que les ennemys sont venus jusques au fumier et
vray pocessoire de France, ce luy a este force de les
croistre. Et nestoit pas nomme pour neant pere du
peuple. Jasoit ce que aucuns en ont escript durant
sa vie en maniere de flatterie, et desprisoient les
autres roys pour colauder icelluy. Lon ne peult trop
bien dire dung homme vertueux en son absence,
mais en sa presence non cela sentoit trop sa lucra-
tive. Le dict Legat ja trespasse fut mys et embosme
en ung sercueil de plomb, et porte en sepulturer
a Rouen.

Ung peu de temps apres ce meust ung concille
requis par Maximilian esleu empereur et par le roy
Loys XII dont le pape Julius nen fut pas content.
Jasoit quil avoit ja faulce sa foy suscitant le roy de
Arragon et la seigneurie de Venise et autres, soy de-
laissant la chaiere Sainct Pierre et prendre le tiltre de
Mars dieu des batailles, desployer aux champs les

trois couronnes, et dormyr en eschauguette, et Dieu
scet comment ces mittres, croix et crosses estoient
belles a veoir voltiger parmy les champs, le dyable
navoit garde dy estre, car lon faisoit trop bon marche
de benedictions. Durant le temps de ce concille le
quel commenca a Tours, puis fut decide a Lyon et de
la fut remys general a Pise ou il y avoit plusieurs car-
dinaulx, archevesques, evesques, abbes, prieurs et
autres grans personnaiges en leglise, et principalement de tres scientifiques docteurs en theologie,
canonistes et autres gens litteres a cest affaire, tant
quil y eut aucuns bons points decides et conclus en
aucunes cessions dicelluy concille, mais pour plusieurs causes survenantes il fut consequamment
translate en Milan et depuis fut charroye a Lyon ou
il demoura.

Environ ce temps estant encore le roy a Sainct
Germain en Laye fut fait appoinctement par les
ambassadeurs envoyes de par le roy en Angleterre,
entre le roy de France Loys XII et Henry roy dAngleterre, moyennant que le roy de France espouseroit
ma dame Marie seur du dict roy dAngleterre, pourquoy furent pareillement envoyes ambassadeurs
dicelluy pays, cest assavoir aucuns grans seigneurs
temporels et spirituels, lesquels vindrent en la dicte
ville et cite de Paris par devers le dict roy Loys
pour confermer le mariaige entre luy et dame Marie

seur du dict roy Henry. Et pour aussi entretenir et
confermer la paix dessus dicte entre les dessus
nommes roys, ce quils ont jure et promis entre le
roy Loys de France et les dicts prelats ambassadeurs
et tant que ycelle paix et concorde generalement fut
cryee et publyee es dicts pays de France et dAngleterre. Et fut cryee le mercredy xvi jour daoust MDXIV
a force trompetes et clairons sur la pierre de
marbre a Paris et furent fais feux de joye, et incontinent apres ung herault darme nomme Montjoye
lequel publia et invoqua tous prives seigneurs et
gentils hommes de venir a jour nomme a ung
tournoy, lequel seroit fait a Paris par monseigneur
le duc de Valois, et Bretaigne conte dAngoulesme
et autres lieux ou il fit faire grandes preparations.

Et adoncques estoit party de Paris le roy de France
pour aller au devant de la dicte dame Marie jusques
au lieu dAbeville, la dicte dame estoit tres richement
acoustree, et consequamment tout son train, brief
cestoit une chose magnifique. Et devant la dicte
dame marchoient cc. archiers du dict pays qui
estoient garnis de force sajettes, larc au poing.
Le dict roy saichant sa venue monta sur ung cour-
cier, fist semblant daller soy esbatre aux champs,
accompaigne de force de gens, lequel vint audevant
de la dicte dame, et la baisa tout a cheval en luy
disant trois ou quatre paroles joyeuses comme moult

bien le scavoit faire. Le lendemain jour de Sainct Denis furent espouses le dict roy de France et la dicte dame Marie dAngleterre. Puis apres se partirent du dict Abeville en tyrant vers Paris, ils vindrent jusques à Sainct Denis ou la dicte dame fut couronne royne de France, et y eut moult grant triumphe de force archevesques, evesques et autres gens dignes de nom.

Le lundy vi novembre MDXIV. la royne fist sa triumphatique entree en la ville et cite de Paris chief et principale de France, ou tout le clerge alla au devant de la dicte dame. Puis y fut la cour de parlement, et generalement tous ceulx qui ont ladministration de la justice. Puis la chambre des comptes. Puis allerent les prevosts et eschevins de la dicte ville de Paris, et consequament les marchans et officiers de la dicte ville comme archiers, arbalestriers et sergens. Puis le chevalier du Guet et tous ses gens par ordre. La dicte dame estoit assise en une riche lictiere bien aornee de pierres precieuses. Et la conduysoient monseigneur le duc de Valois et Bretaigne et autres lieux, monseigneur dAlencon, mons. de Bourbon, mons. de Vandosme, Francois monseigneur son frere Loys de Nevers, avec autres grans seigneurs tant de France que dAngleterre, et force de prelats et gens deglise. Puis ma dame Claude fille du roy de France, ma dame dAngou-

lesme, ma dame dAlencon ma dame de Vandosme,
ma dame de Nevers, et plusieurs autres princesses
et nobles dames tant de France que dAngleterre.
Et en icelle maniere entra la dicte royne en Nostre
Dame de Paris ou elle fist le serment acoustume.
Puis vint au Palais Royal ou il fut fait un grant
banquet solemnel qui estoit moult beau a veoir.
Puis allerent le roy et la royne coucher dedans le
palais mesme pour abreger ses jours bien tost.

Le lendemain alla le roy et la royne aux Tournelles
pour veoir le tournoy qui avoit este publye par cy
devant. Et y avoit moult belles lices ou furent faictes
maintes belles cources et coups de lance. Apres les
dictes joustes mena le roy a Sainct-Germain en Laye
ou ils furent quelque peu despace de temps deme-
nant joyeuse vie au mieulx que le dict roy pouvoit.
Apres revint a Paris a son logis des Tournelles ou il
acoucha malade, disposa de sa conscience comme
ung bon chrestien doit faire. Puis rendit lesperit a
Dieu le lundy premier jour de janvier lan MDXV. Son
corps fut aromatiquement embosme et garde par
aucuns jours aux dictes Tournelles ou chascun lalloit
veoir qui vouloit. Puis luy furent faictes les cerimo-
nies en la maniere acoustumee comme il appartient
a ung roy, qui seroit trop long a descrire.

Aucuns jours apres fut porte a Nostre Dame de
Paris, et y avoit moult bel ordre au dict obseque et

fut mys en une chapelle la quelle avoit este faicte
diligement au cueur de la dicte eglise de Nostre Dame.
Et fist le service levesque de Paris. Le lendemain fut
le dict corps du roy porte jusques a une croix pres
Sainct Denis ou messeigneurs de Sainct Denis le vindrent querre. Et par eulx fut en sepulture trium-
phament et a grant deuil de ses serviteurs et officiers
domestiques. Et fut en sepulture pres de la royne
Anne de Bretaigne son espouse, Dieu leur veuille
faire pardon.

Ce nest pas peu de choses quant ung roy ou grant
prince me   qui aucunes fois ont este cause de la
mort de beaucoup dhommes, les quels sont creatures
humaines comme les dicts princes ou seigneurs, et
croy quen lautre monde ils ont beaucoup daffaires,
et principalement pour une raison, cest que ung
povre homme le quel aura six ou sept petits enfans
et naura que vingt sols vaillant, et il est tauxe a dix
ou a vingt sols pour la taille, et le receveur viendra
pour executer le dict povre homme, et il ne aura
ne pourra nullement finer du dict argent, ce
nonobstant sera mys en prison. Je vouldrois bien
que lon monstrast la loy par escript dicelle belle
raison, mais il ny a nul qui lose remonstrer pour
autant que chascun veult faire ses besongnes, Dieu
veuille ayder au povre populaire.

SEJOURS

DE

FRANCOIS I[ER]

A LYON SUR LE ROSNE

EXTRAITS DE L'HISTOIRE

DES

FAICTS GESTES ET VICTOIRES

DU ROY FRANCOIS I[er].

Pres le roy Loys XII succeda Francois premier de ce nom, LVII roy
de France. Partist de Paris pour
sen aller faire sacrer en la ville et
cite de Reims, la ou il fut moult
dignement sacre et enoingt de la Saincte Unc-
tion le jeudy XXV jour de janvier MDXV. ce qui
fut fait moult reveramment et en grant triumphe. Et tellement quil vint jusques a Paris toujours accompaigne de grans princes et seigneurs du
dict royaulme. Et brief fist son entree la plus trium-
phante et magnifique que jamais fut veue des vivans.
Car cestoit tout orfaverie des acoustremens et des

bardes de chevaulx, tout drap dor frise. Somme que les seigneurs et gentils hommes estoient eulx et leurs chevaulx pour le moins tous couvers de drap dor, a aucuns des dicts acoustremens estoient force orfaverie a lentour des dictes bardes, et estoient les acoustremens du roy tous dorfaverie dargent blanc, et ses lacquets et autres gens avoient de draps dargent. Puis alla au Palais royal comme de coustume estoient a ses predecesseurs, et la fut fait ung solemnel bancquet ou estoient force instrumens et chantres de plusieurs sortes quil faisoit moult beau veoir.

Environ ce temps le roy eut nouvelles que les Suysses estoient venus courir jusques aupres de Briancon qui est au pays de Dauphine et avoient brule un village pres du chateau Daulphin. Parquoy le roy partit soubdainement et vint en poste a Moulins ou ma dame de Bourbon le receut tres honnestement et eut belle entree pour une si petite ville, car il y avoit chars triumphans ou estoient belles dames, navires, bestes estranges ou estoient montees dessus moult belles dames tous marchans devant le roy. En suyvant vint le roy a Lyon ou pareillement luy firent les citadins belle et magnifique entree. Et la ordonna des affaires pour les municions de la guerre, laquelle estoit ja commencee pour aller a Milan et passer les mons. En suyvant iceluy voyage delaissa le roy pour gouverner en France ce pendant quil seroit hors du

royaulme ma dame sa mere duchesse dAnjou et du
Maine comtesse dAngoulesme et autres lieux. Un peu
de temps apres, le roy partit de Lyon et vint en la
ville de Grenoble ou il eut aussi tres belle entree ou
il fut aucun peu de temps, ce pendant que les prepa-
ratifs se faisoient pour la dicte guerre. Apres se partit
le roy de Grenoble pour passer les mons et alla par
Nostre Dame dAmbrun non obstant que tout le train
de la guerre, au moins la plus grant partie, alla par le
Bourg Duyssant ou le roy avoit fait faire sur le dict
chemin grant provision de vivres. Et brief le roy
vint a Guillestre, de la a Sainct Paul. Et finablement
passa ung chemin impossible ou jamais homme
nestoit passe. Et y eurent beaucoup de miseres les
povres pietons et autres. Le roy fit mener une partie
de lartillerie par ce dict chemin et de fait fut de-
montee lartillerie pour la passer par ce dict chemin.

Sur ces entrefaites le Pape avoit envoye quinze
cent chevaulx bien equippes et acoustres dont estoit
chief ung nomme Prospere Coulonne , et ses gens
estoient venus en ayde a Maximillian et ses allies
pour cuyder surprendre le Roy de France ou ses
gens aux passaiges, mais le dict Prospere ne scavoit
pas que les Francois fussent si pres et que ils eussent
passe les mons, par quoy le dict Prospere se vint
rafreschir en une ville nomee Villefranche de la
Morette qui est au pays de Piemont. Cependant

estoit ung des gentilshommes du roy nomme le
seigneur de Morette auquel ung villain du pays vint
dire laventure et que Prospere Coulonne estoit en
la dicte ville a se rafreschir et quil ne se doubtoit de
rien et quil y feroit bon aller pour les surprendre
vistement. Parquoy le dict seigneur de Morette vint
annoncer au mareschal et seigneur de la Palisse,
le seigneur dAubigny au capitaine Imbercourt,
Bayard et autres, lesquels furent tous daccord,
moyennant le seigneur dImbercourt qui marcha
le premier et envoya sonder le gue par ung de ses
archiers, lequel luy fist rapport quil y feroit bon aller
incontinent et que le dict Prospere et ses gens
estoient prests de disner. Parquoy diligemment
envoya le dict Imbercourt par devers le mareschal
de la Pallisse et autres a celle fin quils veinssent hasti-
vement. Ce non obstant le dict seigneur dImbercourt
hardiement marcha le premier et entra incontinent
a grans courses de cheval luy et ses gens dedans la
ville, et quant vint a la porte de la dicte ville, la trom-
pette bouta son cheval avant et commenca a sonner
dedans, en sorte que le col de son cheval fut enserre
entre les portes de la dicte ville, mais il eut incontinent des hommes darmes qui croiserent leurs lances
et entrerent dedans et tuerent et occirent tous ceulx
qui avoient resiste contre eulx a la dicte porte. Puis
coururent parmy la ville cryant France, France, et

vindrent jusques ou estoit le dict Prospere Coulonne lequel disnoit alors ou il y eut moult battu et frappe a lentree du dict lieu. Cependant le dict seigneur de la Palisse et autres vindrent diligemment. Et brief fut prins le dict Prospere et aucune quantite de ses gens occis et tout leur bagaige prins et force de beaulx chevaulx. Et fut amene le dict Prospere et autres prisonniers devers le roy, puis en France.

Apres icelle deffaicte le Pere Sainct eut nouvelles a Romme comment le dict Prospere et ses gendarmes estoient deffaits et prins prisonniers dont il fut moult esbahy et non sans cause, car il neust jamais creu que le roy eust sceu passer par ce chemin terrible, et a grant peine le vouloit il croire.

Comment le roy revint en France en grant diligence au travers des montaignes jusques a la Bausme ou estoient allees la royne et ma dame sa mere en voyage ou il fut receu a grant joye et triumphe et luy fut faict plusieurs entrees au pays de Provence. De la le roy et la royne, ma dame sa mere et tout leur train arriverent en Avignon ou ils eurent tres belle entree. Puis vindrent a Lyon ou la royne fist son entree tres belle et magnifique et luy fist on tres belle reception. Environ ce temps que le roy de France estoit a Lyon qui estoit vers la fin de la saincte quarantaine mil cinq cent et quinze, survint et meust une autre guerre au Pays dYtalie par le moyen des bons

tours acoustumes de lempereur Maximilian le quel
suscita les Angels du roy Henry dAngleterre. Ung peu
devant ce conflict furent mandes de par le roy de
France aucuns conferes des citadins de Milan, les
quels se myrent a chemin et vindrent jusques a Suze,
lesquels se trouverent environ trente et sept. Et par-
lementerent ensemble au dict Suze, et le lendemain
sen fuyrent trente et trois vers le roy des Rommain,
les autres quatre, lesquels se trouverent bons Francois vindrent par devers le roy a Lyon qui comp-
terent le cas des autres.

Environ ce temps que lon disoit mil cinq cent et
seize environ la Penthecouste, le roy partit de Lyon
accompaigne de plusieurs gentils hommes pour aller
faire ung veu et voyage au Sainct Suaire de Nostre
Seigneur, le quel est a Chambery, et estoit la devotion du roy de aller a pied, parquoy le roy partit de
Lyon a pied, consequamment avec luy force gentils
hommes quil faisoit moult beau veoir, car ils estoient
fort gorgias dacoustremens fais a plaisir et force plus
mals et tous a pied suyvant le roy, et fut le roy en
celle sorte a pied jusques au dict Chambery, au quel
Chambery se trouva le seigneur de Bourbon a grant
joye et consolation, le quel revenoit du pays dYtalie.
Et fut festoye le roy par plusieurs jours du duc de
Savoye. Peu de temps apres revint le roy du pays de
Savoye et Lyonnnois et sen vint au pays de Touraine.

En suyvant ce temps mesme le samedy vi jour du moy doctobre mil cinq cent et seize arriva le roy en sa bonne ville et cite de Paris ou il fut receu honestement en la maniere acoustumee, et lendemain au matin, qui fut le dymenche en suyvant, partit le roy de Paris pour aller a Sainct Denis en France, a celle fin de remettre les corps saincts que par luy et a sa requeste et pour le bien et utilite de son dict royaulme avoient este descendus, en les remercyant humblement de la victoire que par leur merite il avoit eue et gaignee. Aussi que cest la coustume aux dicts roys de France destre en personne pour remettre les dicts corps saincts.

En suyvant ce temps fut fait appoinctement entre le roy de France et larcheduc roy dEspaigne et fut crye et publye la paix a Paris et autres villes du royaulme moyennant que le dict roy dEspaigne prendroit a mariaige ma dame Loyse fille unique du roy Francois premier de ce nom. Et y furent en embassade le grant maistre, levesque de Paris, le president Oliviers et autres, et fut le dict appoinctement compose len a ville de **Noyon** esquels estoient de de grants seigneurs de Flandre, dEspaigne et autres.

Cy finist lhistoire du roy Francois premier de ce nom, roy a present regnant en paix et union, au quel est maintenant son noble et illustre royaulme de France, car par sa suppelative saigesse , et aussi sa grant puissance il est craint par toutes nations bar- bares et estranges. Et quant il met le pied en lestrier pour faire guerre il fait trembler toute la machine du monde , car sur toutes nations pour le present France domine , et est la plus florissante entre toutes les regions, nations et contrees de la terre et de la mer, au quel le createur du monde veuille donner bonne vie et longue sante du corps et de lame, et en la fin le royaulme de paradis, au quel le veuille con- duyre le Pere, le Fils et le Sainct Esperit. Amen.

Ce present livre a este imprime a Lyon sur le Rosne par maistres H. Charvin et J. Nigon , imprimeurs, demourans en la rue Chalamon , n° 5, lan de la nativite de Nostre Saulveur Jesus Christ MDCCCXLI le xiv jour daoust.

ihs

La marque de Jehan

libraire ou merchier

huguetan

Imprimé à 100 Exemplaires
10 sur papier couleur
1 sur peau de velin.